Pre textos
11

Giorgio Agamben
Quando a casa queima
Sobre o dialeto do pensamento

Tradução de Vinícius Nicastro Honesko
Editora Âyiné

Giorgio Agamben
Quando a casa queima
Quando la casa brucia
Tradução
Vinícius Nicastro Honesko
Preparação
Juliana Amato
Revisão
Paulo Sergio Fernandes
Imagem da capa
Diambra Mariani,
Carlo Scarpa:
Ingresso della Facoltà
di Architettura, 2020

© 2020 by Editrice
Giometti & Antonello,
Macerata

Segunda edição
© Editora Âyiné, 2024
Praça Carlos Chagas
30170-140 Belo Horizonte
ayine.com.br
info@ayine.com.br

Isbn 978-65-5998-156-4

Direção editorial
Pedro Fonseca
Coordenação editorial
Sofia Mariutti
Coordenação
de comunicação
Amabile Barel
Produção gráfica
Daniella Domingues
Assitente de design
Gabriela Forjaz
Conselho editorial
Simone Cristoforetti
Zuane Fabbris
Lucas Mendes

Indice

7   Quando a casa queima
23 Porta e limiar
39 Lições nas trevas
59 Testemunho e verdade

Quando a casa queima

«Tudo o que faço não tem sentido se a casa queima.» E, mesmo assim, justamente enquanto a casa queima, é preciso continuar como sempre, fazer tudo com cuidado e precisão, talvez com ainda mais zelo — mesmo que ninguém perceba. Pode ser que a vida desapareça da face da Terra, que nenhuma memória do que foi permaneça, para o bem e para o mal. Mas você continua como antes, é tarde para mudar, não há tempo.

«O que acontece à sua volta / não é mais da sua conta.» Como a geografia de um país que você deixa para sempre. Mesmo assim, de que maneira isso ainda lhe diz respeito? Justamente agora que não é mais da sua conta, que tudo parece acabado, cada coisa e cada lugar mostram-se em suas vestes mais verdadeiras, tocam-no, de algum modo, muito de perto — simplesmente como são: esplendor e miséria.

A filosofia, língua morta. «A língua dos poetas é sempre uma língua morta... é curioso dizer: língua morta que se usa para dar mais vida ao pensamento.» Talvez não uma língua morta, mas um dialeto. Que filosofia e poesia falem numa língua que é menos que a língua: essa é a medida de seu estatuto, de sua especial vitalidade. Pesar e julgar o mundo comiserando-o a um dialeto, a uma língua morta, e, todavia, nascente, na qual não há nem mesmo uma vírgula a ser mudada. Continue a falar esse dialeto agora que a casa queima.

Que casa está queimando? O país onde vive, a Europa, o mundo inteiro? Talvez as casas e as cidades já estejam queimadas, não sabemos desde quando, numa única e imensa fogueira que fingimos não ver. De algumas, restam apenas pedaços de muro, uma parede pintada, uma parte do teto, nomes, muitíssimos nomes já devorados pelo fogo. E, todavia, os recobrimos tão zelosamente com gesso branco e palavras mentirosas que parecem intactos. Vivemos em casas, em cidades queimadas de cima a baixo como se ainda estivessem em pé, as pessoas fingem viver aí e saem pelas ruas mascaradas entre as ruínas, como se ainda fossem os bairros familiares de outrora.

E agora a chama mudou de forma e natureza, fez-se digital, invisível e fria, mas justamente por isso está ainda mais próxima, está ao nosso lado e nos circunda a todo instante.

Que uma civilização — uma barbárie — afunde para não se levantar mais, isso é algo que já aconteceu, e os historiadores estão habituados a marcar e datar rupturas e naufrágios. Mas como testemunhar acerca de um mundo que está se arruinando de olhos fechados e rosto coberto, de uma república que desmorona sem lucidez nem orgulho, em abjeção e medo? A cegueira é tão mais desesperada porque os náufragos pretendem governar o próprio naufrágio, juram que tudo pode ser mantido tecnicamente sob controle, que não há necessidade nem de um novo deus, nem de um novo céu — apenas de proibições, especialistas e médicos. Pânico e infâmia.

O que seria um Deus ao qual não fossem dirigidas nem preces nem sacrifícios? E o que seria uma lei que não conhecesse nem comando nem execução? E o que seria uma palavra que não significa nem comanda, mas se mantém verdadeiramente no princípio — aliás, antes dele?

Uma cultura que se sente no fim, já sem vida, procura governar como pode sua ruína por meio de um estado de exceção permanente. A mobilização total na qual Jünger via o caráter essencial de nosso tempo é vista por essa perspectiva. Os humanos devem ser mobilizados, devem se sentir a todo instante numa condição de emergência, regulada nos mínimos detalhes por quem tem o poder de decidi--la. Mas enquanto a mobilização tinha, no passado, o poder de aproximar os humanos, agora procura isolá-los e distanciá-los uns dos outros.

Desde quando a casa queima? Desde quando está queimada? Certamente, há um século, entre 1914 e 1918, algo aconteceu na Europa que lançou nas chamas e na loucura tudo o que parecia restar de íntegro e vivo; depois, novamente, trinta anos depois, a fogueira se reacendeu violentamente por toda parte e, a partir de então, não cessa de arder, sem tréguas, soterrada, apenas visível sob as cinzas. Mas, talvez, o incêndio começou já há muito, quando o cego impulso da humanidade em direção à salvação e ao progresso se uniu à potência do fogo e das máquinas. Tudo isso é notório e não adianta repetir. Pelo contrário, é preciso se perguntar: como podíamos continuar a viver e pensar enquanto tudo queimava? O que restava de algum modo íntegro no centro da fogueira ou em suas margens? Como conseguimos respirar entre as chamas? O que perdemos? A quais destroços — ou imposturas — nos agarramos?

E agora que não há mais chamas, mas apenas números, cifras e mentiras, certamente estamos mais fracos e sozinhos, mas sem compromissos possíveis, lúcidos como nunca antes.

Se apenas na casa em chamas se torna visível o problema arquitetônico fundamental, então é possível ver o que está em jogo na história do Ocidente, o que nela se procurou a todo custo apreender e porque só poderia fracassar.

É como se o poder procurasse apreender de todas as formas a vida nua que produziu e, todavia, por mais que se esforce para se apropriar dela e para controlá-la com todos os dispositivos possíveis — agora já não apenas os policialescos, mas também médicos e tecnológicos —, ela sempre lhe escapará porque é, por definição, inapreensível. Governar a vida nua é a loucura de nosso tempo. Humanos reduzidos a sua pura existência biológica não são mais humanos, governo dos homens e governo das coisas coincidem.

A outra casa, aquela que jamais poderei habitar, mas que é minha verdadeira casa, a outra vida, que nunca vivi enquanto acreditava vivê-la, a outra língua, que soletrava sílaba por sílaba sem jamais conseguir falá-la — tão minhas que jamais poderei tê-las...

Quando pensamento e linguagem se dividem, acreditamos poder falar nos esquecendo que estamos falando. Poesia e filosofia, enquanto dizem algo, não esquecem que estão dizendo, lembram-se da linguagem. Se lembramos da linguagem, se não nos esquecemos que podemos falar, então somos mais livres, não somos obrigados às coisas e às regras. A linguagem não é um instrumento, é nosso rosto, o aberto no qual estamos.

O rosto é a coisa mais humana; o homem tem um rosto e não apenas um focinho ou uma cara, porque habita o aberto, porque em seu rosto se expõe e comunica. Por isso, o rosto é o lugar da política. Nosso tempo impolítico não quer ver o próprio rosto, o mantém à distância, o mascara e recobre. Não deve haver mais rostos, apenas números e cifras. Mesmo o tirano não tem rosto.

Sentir-se viver: ser afetado pela própria sensibilidade, ser delicadamente entregue ao próprio gesto sem poder assumi-lo nem evitá-lo. Sentir-me viver torna a vida possível para mim, mesmo preso numa gaiola. E nada é tão real quanto essa possibilidade.

Nos próximos anos só existirão monges e delinquentes. E, todavia, não é possível simplesmente estar à parte disso, crer poder sair dos escombros do mundo que está desmoronando à nossa volta.

Porque o colapso nos diz respeito e nos chama, somos também nós apenas parte desses escombros. E teremos de aprender cautelosamente a usá-los de forma justa, sem nos deixar perceber.

Envelhecer: «crescer apenas nas raízes, não mais nos ramos». Aprofundar nas raízes, sem mais flores nem folhas. Ou, antes, como uma borboleta ébria voar sobre o que foi vivido. Há ainda ramos e flores no passado. E deles ainda se pode fazer mel.

O rosto está em Deus, mas os ossos são ateus. Fora, tudo nos leva para Deus; dentro, o obstinado e zombador ateísmo do esqueleto.

Que a alma e o corpo sejam conjugados de forma indissolúvel: isso é espiritual. O espírito não é um terceiro entre a alma e o corpo: é apenas sua desamparada e maravilhosa coincidência. A vida biológica é uma abstração e é essa abstração que se pretende governar e curar.

Para nós, sozinhos, não pode haver salvação: há salvação porque os outros existem. E isso não por razões morais, porque deveria agir em prol do bem deles. Apenas porque não estou só há salvação: posso me salvar apenas como um entre tantos, como outro entre os outros. Sozinho — essa é a verdade especial da solidão — não tenho necessidade de salvação, aliás, sou propriamente insalvável. A salvação é a dimensão que se abre porque não estou só, porque há pluralidade e multidão. Deus, encarnando-se, cessou de ser único e se tornou um homem entre tantos. Por isso o cristianismo teve de se ligar à história para seguir até o fim seu destino — e quando a história, como hoje parece acontecer, se extingue e decai, também o cristianismo se aproxima de seu ocaso. Sua insanável contradição está no fato de que procurava, na história e através da história, uma salvação além da história, e, quando esta acaba, perde seu chão. A igreja era, na realidade, solidária não da salvação, mas da história da salvação, e, uma vez que procurava a *salvação* por meio da história, só podia acabar na *saúde*. E, quando chegou o momento, não hesitou em sacrificar a salvação em prol da saúde.

É preciso retirar a salvação de seu contexto histórico, encontrar uma pluralidade não histórica, uma pluralidade como saída da história.

Sair de um lugar ou de uma situação sem entrar em outros territórios, deixar uma identidade e um nome sem assumir outros.

Em direção ao presente só se pode regredir, enquanto em direção ao passado se vai em linha reta. O que chamamos passado é apenas nossa longa regressão em direção ao presente. O primeiro recurso do poder é nos separar de nosso passado.

O que nos livra do peso é a respiração. Na respiração não temos mais peso, somos empurrados como se estivéssemos voando além da força da gravidade.

Temos de aprender desde o início a julgar, mas com um juízo que não pune nem premia, não absolve nem condena. Um ato sem objetivo, que subtrai a existência de toda finalidade, necessariamente injusta e falsa. Apenas uma interrupção, um instante situado entre o tempo e o eterno, no qual lampeja a imagem de uma vida sem fim nem projetos, sem nome nem memória — e por isso salva, não na eternidade, mas numa «espécie de eternidade». Um juízo sem critérios preestabelecidos e, todavia, justamente por isso, político, porque restitui a vida à sua natureza.

Sentir e sentir-se, sensação e autoafecção, são concomitantes. Em toda sensação há um sentir-se sentir, em toda sensação de si um sentir outro, uma amizade e um rosto.

A realidade é o véu através do qual percebemos o possível, aquilo que podemos ou não podemos fazer.

Saber reconhecer quais de nossos desejos infantis foram realizados não é fácil. E, sobretudo, se a parte do realizado que faz confim com o irrealizável é suficiente para nos fazer aceitar a continuar a viver. Temos medo da morte porque a parte dos desejos irrealizados cresceu sem uma medida possível.

«Os búfalos e os cavalos têm quatro patas: eis o que chamo de Céu. Colocar o cabresto nos cavalos, perfurar o nariz dos búfalos: eis o que chamo de humano. Por isso digo: tome cuidado para que o humano não destrua o Céu dentro de você, tome cuidado para que o intencional não destrua o celeste.»

Resta, na casa que queima, a língua. Não a língua, mas as imemoriais, pré-históricas, frágeis forças que dela cuidam e se recordam: a filosofia e a poesia. E do que cuidam e de que se recordam da língua? Não essa ou aquela proposição significante, não esse ou aquele artigo de fé ou de má-fé. Antes, o próprio fato de que há linguagem, que sem nome somos abertos no nome, e nesse aberto, num gesto, num rosto, somos desconhecidos e expostos.

A poesia, a palavra, é a única coisa que nos restou de quando ainda não sabíamos falar, um canto obscuro dentro da língua, um dialeto ou um idioma que não conseguimos entender plenamente, mas que não podemos evitar escutar — ainda que a casa queime, ainda que em sua língua que queima os humanos continuam a falar em vão.

Mas há uma língua da filosofia como há uma língua da poesia? Como a poesia, a filosofia habita integralmente na linguagem, e apenas o modo desse habitar a distingue da poesia. Duas tensões no campo da língua que se cruzam num ponto para depois, incansavelmente, separar-se. E quem diz uma palavra justa, uma palavra simples e nascente, habita essa tensão.

Quem se dá conta de que a casa queime pode ser levado a olhar seus semelhantes, que parecem não se dar conta, com desdenho e desprezo. E, mesmo assim, não serão justamente esses homens que não veem e não pensam os lêmures[1] pelos quais você terá de prestar contas no último dia? Perceber que a casa queima não coloca você acima dos outros: pelo contrário, é com eles que deverá trocar um último olhar quando as chamas estiverem mais próximas. O que poderá dizer para justificar sua pretensa consciência para esses homens tão inconscientes que parecem quase inocentes?

---

1 Referência às sombras dos espíritos dos mortos que, na mitologia romana, retornavam para atormentar os vivos. [N. T.]

Na casa que queima, continue a fazer o que fazia antes — mas não pode deixar de ver o que agora as chamas mostram a você. Algo mudou, não no que você faz, mas no modo como deixa que isso aconteça no mundo. Um poema escrito na casa que queima é mais justo e verdadeiro, porque ninguém poderá escutá-lo, porque nada garante que possa escapar às chamas. Mas se, por acaso, ele encontra um leitor, então este não poderá de forma alguma subtrair-se à invocação que o chama desde esse desamparado, inexplicável e frágil rumor.

Pode dizer a verdade apenas quem não tem nenhuma probabilidade de ser escutado, só quem fala, rodeado pelas chamas, desde uma casa que se consome implacavelmente.

Hoje, os humanos desaparecem como um rosto desenhado na areia é apagado pelas ondas. Mas o que toma seu lugar não tem mais um mundo, é apenas uma vida nua muda e sem história, à mercê dos cálculos do poder e da ciência. Mas talvez seja apenas a partir dessa destruição que algo poderá um dia, lenta ou bruscamente, aparecer — não um deus, por certo, mas nem mesmo um outro homem —, um novo animal, talvez, uma alma que vive de outra forma...

Porta e limiar

Para então descobrir
que o prazer não tem portas e que
se as tem estão abertas, que
podíamos assim permanecer fora
ambos desguarnecidos e rendidos juntos
eu brincando com a porta e você com as chaves.[2]

Patrizia Cavalli

No projeto para a entrada da IUAV que lhe foi encomendado nos anos 1970 pelo conselho da Universidade, e no qual lhe fora solicitado que utilizasse uma porta de pedra de Istria encontrada durante trabalhos de restauração no Convento dos Telentini, Carlo Scarpa decidiu deitar a porta no chão e imergi-la na água. E é assim que quem hoje entra no ex-convento homônimo pode ver a porta — não sem espanto — na execução póstuma do projeto efetuada vinte anos depois por Sergio Los. A colocação horizontal de uma estrutura essencialmente vertical como uma porta só pode ter sido pensada com muita atenção.

---

2   Per poi scoprire / che il piacere non ha porte e che / se mai l'avesse stanno aperte, che / potevamo allora rimanere fuori / sfornite e arrese tutte e due alla pari / giocando io alla porta e tu alle chiavi.

O termo «porta» tem dois significados diversos que o uso tende a confundir. Designa, por um lado, uma abertura, um acesso, e, por outro, a estrutura que a fecha ou abre. No primeiro sentido, a porta é essencialmente uma passagem e um limiar; no segundo é sobretudo a estrutura que fecha e separa um espaço do outro. A porta-acesso é um espaço vazio, delimitado em seus dois lados por uma parede, embaixo por um limiar e no alto por uma arquitrave; a porta-estrutura é um objeto construído com os materiais mais variados, normalmente fixado nas paredes por dobradiças sobre as quais, ao girar, abre ou fecha, permite ou impede a passagem.

Dado que a porta-limiar é quase sempre acompanhada por uma porta-estrutura, as duas realidades são com frequência e a tal ponto confundidas que Simmel pôde definir a porta em relação à ponte justamente por meio da possibilidade de ser fechada. «Enquanto a ponte, na correlação de separação e união, reforça a união e supera a distância entre seus pés, que torna visível e mensurável, a porta mostra da maneira mais evidente como a união e a separação são apenas duas faces de um único ato... Justamente porque também pode ser aberta, seu fechamento dá o sentido da separação em relação àquilo que está fora de modo mais forte do que um simples e puro muro pode fazer».

O mundo clássico conhecia portas horizontais. Uma dessas era, com toda probabilidade, o *mundus,* uma abertura circular que Rômulo escavara no momento da fundação da cidade e que colocava em comunicação o mundo dos vivos com o ínfero dos mortos. Ela era aberta três vezes ao ano e, naqueles dias, que por isso eram considerados *religiosos,* «o que era escondido e secreto no culto dos Manes era trazido à luz e revelado», e, como consequência, as atividades públicas eram suspensas. Também o *mundus,* que os testemunhos antigos descrevem como um fosso (*bothros*) ou um poço profundíssimo (*altissimus puteus*), comportava uma porta-estrutura, uma pedra, chamada *manalis lapis,* pedra dos Manes, que era erguida nos dias previstos, quando se dizia que *mundus patet,* o mundo é aberto.

Outros testemunhos nos informam que também era chamada de *mundus* a estreita abertura, na Sicília, através da qual Proserpina havia sido raptada e levada ao Hades. A «porta preta de Dis Pater», situada próxima do lago Averno, por meio da qual Enéias faz a sua descida aos ínferos, por sua vez, é escancarada dia e noite (*noctesque atque dies patet atra ianua Ditis* — vi, 127). Trata-se de uma porta-limiar fácil de atravessar uma vez (*facilis descensus Averno*), mas árdua e arriscada de se percorrer no sentido inverso (*sed revocare gradum... hoc opus, hoc labor est* – 128).

Estamos tão habituados a considerar inseparáveis os dois tipos de porta que nos esquecemos de que elas não apenas são distintas como, em certo sentido, desempenham duas funções opostas. Na porta-acesso o essencial é cruzar um limiar, na porta-estrutura o que está em questão é a possibilidade de fechar ou abrir a passagem. É possível dizer, assim, que a porta-estrutura seja um dispositivo inventado para controlar as portas-limiares, para limitar a incondicionada abertura que estas representam. Daí, também, os intermináveis esquadrões de guardiões da porta, anjos ou porteiros, travas e códigos digitais, que devem assegurar que o dispositivo funcione corretamente e não deixe entrar quem não tem o direito.

Para garantir a inviolabilidade do limiar, todavia, também existem mecanismos mais sofisticados e implacáveis. Um desses é a sanção, que, no direito romano, punia com a morte quem transgredia um limiar proibido, por exemplo, a partir da lendária morte de Remo, os muros da cidade. Como o termo sugere (*sanctio*), o muro se tornava assim *sanctus,* isto é, nas palavras de Ulpiano, *ab iniuria hominum defensum atque munitum,* defendido e prevenido contra o ataque dos homens. E é a partir desse modelo que os juristas começaram a considerar «santa» a lei, a qual se torna o paradigma da inviolabilidade que definia, na origem, o regime do limiar. A lei é a porta-estrutura que veta ou permite a passagem das ações nos limiares que articulam as relações entre os humanos. Ela, como o apólogo kafkiano mostra sem equívocos, coincide com a própria porta, é apenas uma porta.

É com essa concepção que Scarpa rompe sem reservas. A porta deitada não é uma porta-estrutura e a água que a recobre significa que ela jamais poderá ser fechada. (De resto, Veneza — para a qual a porta de Scarpa talvez seja algo como uma invocação — não tem necessidade de portas: para entrar basta atravessar um limiar, que é a água da laguna, assim como, para ter acesso à porta submersa seria preciso colocar os pés na água.) Mas tampouco é uma porta-limiar, a partir do momento em que a colocação horizontal parece exibir a impossibilidade de atravessá-la. De maneira similar, na decoração do palácio Abattellis, Scarpa havia suspendido um portal gótico de pedra em pleno ar sobre uma parede, onde nenhum acesso era possível. Se a porta não é um lugar, mas a passagem e o acesso entre dois lugares, aqui parece que ela se torna o lugar — talvez o lugar por excelência cujo possível uso todavia ainda não é claro. Em todo caso, a porta deitada delimita agora um espaço onde seria possível caminhar, parar e meditar, hesitar, talvez até mesmo habitar — mas não fechá-la, nem simplesmente a atravessar. O *acesso* se tornou um âmbito: a passagem de um lugar a outro, expresso pela preposição *ad*[3], dá lugar ao percurso — expresso pela partícula *ambi* — que faz a volta em certo território, segue pacientemente seu contorno.

Uma esfera na qual as portas-estrutura estão à vontade é a fábula. Todos conhecem a história da jovem esposa de Barba Azul, a quem o marido permitiu abrir todas as portas do palácio exceto uma, e que coloca a chave justamente na porta que o marido a havia proibido de abrir para aí descobrir o que não gostaria nem deveria ver, isto

---

3   A referência é ao termo italiano *adito*, cuja tradução é acesso. [N. T.]

é, os cadáveres das seis mulheres que a precederam. Numa variante religiosa, *A filha da Madona,* quem viola a proibição é a filha do carpinteiro que a Madona levou consigo para o Paraíso e que, em vez dos doze quartos que lhe foram permitidos abrir, obstina-se em entrar exatamente no décimo-terceiro, onde permanece deslumbrada pela visão da Trindade. Seja maravilhoso (o esplendor da trindade) ou horrendo (os cadáveres das mulheres), em todo caso, aquilo que a tranca esconde é algo que não deveria se ver ou saber. Ou seja, a porta-estrutura é a cifra da transgressão e da culpa, e, como Paulo dizia acerca dos mandamentos da Torá, a porta existe para que o pecado abunde.

«*Rites de passage,* assim são chamados no folclore as cerimônias ligadas à morte, nascimento, casamento, puberdade etc. Na vida moderna, essas passagens se tornaram cada vez mais irreconhecíveis e imperceptíveis. Estamos nos tornando muito pobres em experiências de limiares.» A exatidão desse diagnóstico benjaminiano não parece ter necessidade de comentários. Entretanto, não menos importante é a frase que segue poucas linhas depois: «o limiar (*Schwelle*) deve ser distinguido muito claramente do confim (*Grenze*). O limiar é uma zona, na palavra *schwellen* (crescer, inflar-se) estão compreendidos mudança, passagem, marés (*Wandel,* Übergang, *Fluten*), significados que a etimologia não deve deixar escapar». O caráter de lugar (*Zone,* que indica uma ampla porção de espaço similar a uma faixa) do limiar é aqui reivindicado com força: sugerindo uma aproximação com o verbo *schwellen,* que os etimólogos afastam, o limiar se torna um espaço no qual podem acontecer mudanças, passagens e até mesmo fenômenos de fluxo e refluxo como nas marés. Em todo caso, é um espaço, como a «zona» criada por Scarpa, que possui propriedades que o distinguem e não simplesmente um limite a atravessar.

Na realidade, a tese segundo a qual a modernidade teria perdido a experiência dos limiares precisa de algumas nuances. É claro que os ritos de passagem, que nas sociedades tradicionais separavam as fases da vida dos indivíduos e da coletividade, estão em declínio por todos os lados. Isso não significa, todavia, que os limiares foram simplesmente apagados. Aliás, seria possível dizer que, na ausência de cerimoniais que os tornavam visíveis, eles tendem a se dilatar desmesuradamente. Assim aconteceu com a adolescência que, nas sociedades industrializadas, prolonga-se de forma indefinida até coincidir com toda a existência.

Há, além disso, um âmbito no qual a experiência do limiar não só não foi esquecida como, aliás, é objeto de uma atenção particular. Esse âmbito é o da arte. A partir de certo momento, coincidente com as vanguardas do início do século xx, os artistas parecem concentrar todos seus esforços não mais na produção de obras de arte, mas na tentativa paradoxal de apreender um limiar no qual a criação artística possa existir como tal, independentemente de suas obras. Tanto para os dadaístas como para os surrealistas, tratava-se de situar de forma consequente o artista no vão imaterial que une e, ao mesmo tempo, separa a arte e a vida, a obra de arte e o produto industrial, a consciência e a inconsciência. E, no entanto, nesse lábil limiar, eles quiseram se instalar como guardiões, conservando a todo custo uma identidade artística que não tinha mais sentido. A porta-acesso assim se torna, mais uma vez, porta-estrutura, a porta de um museu, da qual acreditavam ter saído, fechou-se de novo às suas costas.

O latim conhece ao menos quatro termos para a porta: *foris* (ou *fores*), desaparecido nas línguas românicas, nas quais sobreviveu apenas

nas formas adverbiais *foris, foras,* «fora». Este designa não tanto a porta como objeto material, mas o ingresso na *domus,* compreendida não como edifício, mas como sede da família. Por isso, o advérbio *foris* se opõe a *domi,* e significa aquilo que está fora da esfera familiar. *Porta* (cf. grego *peiro,* travessa) evoca antes a ideia de uma passagem, enquanto *ostium,* do qual deriva o italiano «uscio», indica simplesmente (cf. *os,* boca) uma abertura. Por fim, *ianua* (essencialmente ligada a Jano, o deus bifronte) designa um limiar voltado tanto a um lado quanto ao outro e, em Roma, uma passagem coberta, onde banqueiros e agentes de câmbio traficavam. A ideia fundamental é, mais uma vez, a da passagem, de um acesso, que apenas em *foris* parece adquirir o significado de uma separação entre o que está dentro (incluído) e o que está fora (excluído). Entretanto, decisivo é que a ideia de um «fora» seja expressa com um termo que literalmente significa «à porta» (*foris, foras*). O «fora» não é outro espaço que um confim separa com nitidez desde dentro: o «forasteiro» e o «extravagante»[4] estão, na origem, sobre o limiar, fazem experiência da foridade[5] da porta.

---

4 Em italiano, *forastico*. [N. T.]
5 Agamben cria o neologismo *foraneità*. [N. T.]

É possível, então, pensar a porta nem como um acesso, que conduz a um outro lugar, nem apenas como um âmbito, cujo contorno se pode percorrer. Pelo contrário, ela é o evento de um fora, que não é um outro lugar, mas, como na definição kantiana da coisa em si, um espaço que deve permanecer absolutamente vazio, uma pura exterioridade. É essa pura exterioridade que a porta deitada da IUAV exprime perfeitamente: o âmbito, cujos confins o olhar pode percorrer, é também uma abertura, que não conduz a nenhum lugar determinável, mas se dirige ao céu, permanece num puro ter lugar, exibe a íntima foridade de toda porta.

Alexandre de Afrodísias, no momento de comentar a concepção do intelecto separado que Aristóteles desenvolve no *De anima,* define o intelecto com o advérbio *thyrathen,* à porta (do grego *thyra,* porta). Isso implica que também o pensamento seja algo como uma porta, que quem pensa experimenta sobretudo um fora e uma exterioridade. Para Alexandre, esse é o limiar no qual o indivíduo se une ao intelecto agente que o supera e transcende; para nós, como sugere Hannah Arendt em seu livro sobre Eichmann, trata-se de uma zona de suspensão em que o discurso incessante das imagens e das palavras convencionadas é por um momento interrompido. E na interrupção do pensamento nessa zona vazia e forasteira, algo como um fora, um âmbito de liberdade, torna-se possível.

Maqom, o lugar, é, na tradição judaica, um dos nomes de Deus. Uma heresia medieval — que conhecemos apenas por meio de testemunhos dos teólogos que condenaram à morte seus seguidores — que leva a sério a afirmação de Paulo segundo a qual nós nos movemos, somos e vivemos em Deus, afirma que Deus é apenas o ter lugar de cada coisa, tanto da pedra quanto do verme, tanto do anjo como dos humanos. Divino é o ser-verme do verme, o ser-pedra da pedra, e justo e bom é que o mundo seja assim, que algo possa mostrar-se e ter rosto, em sua finitude e em seu lugar divino.

Não traímos o pensamento de Amalrico de Bena ao dizermos que no momento em que percebemos o ser em Deus do verme ou da pedra, estes a nós se mostram como uma porta que não conduz, todavia, de um lugar a outro, mas se abre naquele lugar de todos os lugares que é Deus. Assim como não podemos fechá-la ou abri-la, tampouco podemos atravessar essa porta. E como na porta submersa de Scarpa a água reflete o céu, torna-se céu, assim a porta-criatura está apenas fora de si no aberto, felizmente subtraída tanto à lei das chaves quanto à lei dos limiares.

Lições nas trevas

א
Aleph

Hoje, a posição do profeta é particularmente incômoda, e os poucos que tentam assumi-la parecem com frequência não ter nenhuma legitimidade. Com efeito, o profeta dirige-se às trevas de seu tempo, mas, para fazê-lo, deve deixar-se investir por estas e não pode pretender ter conservado intacta — não se sabe por meio de qual dom ou virtude especial — sua lucidez. Quando o Senhor o chama, Jeremias responde apenas com um balbucio — «a, a, a» — e acrescenta logo depois: «eis que não sei falar, sou uma criança».

ב
Beth

A quem se dirige o profeta? Diretamente a uma cidade e a um povo. A particularidade de sua apóstrofe consiste, entretanto, no fato de que este não pode ser compreendido, que a língua em que fala é obscura e incompreensível. Aliás, a eficácia de sua palavra é justamente função do fato de permanecer não escutada, de ser de algum modo mal-compreendida. Nesse sentido, profética é a palavra infantil que se dirige a alguém que, por definição, não a poderá escutar. E a necessária coexistência desses dois elementos — a urgência da apóstrofe e sua vacuidade — define a profecia.

ג
Gimel

Por que as palavras do profeta permanecem não ouvidas? Não porque denunciam as culpas de seus iguais e as trevas de seu tempo. Mas sobretudo porque o objeto da profecia é a presença do Reino, sua discreta ingerência em toda trama e em todo gesto, seu obstinado acontecer aqui e agora, a todo instante. O que os contemporâneos não podem nem querem ver é sua cotidiana intimidade com o Reino. E, ao mesmo tempo, seu viver «como se não fossem o Reino».

ד
Daleth

De que modo o Reino acontece, está presente? Não como uma coisa, um grupo, uma igreja, um partido. O Reino coincide sempre com seu anúncio, não tem outra realidade senão a palavra — a parábola — que o diz. Por vezes, é um grão de mostarda, uma erva daninha, uma rede lançada ao mar, uma pérola — não como algo que é significado pelas palavras, mas como anúncio que elas fazem dele. O que vem, o Reino, é a própria palavra que o anuncia.

ה
He

Escutar a palavra do Reino significa assim experimentar o caráter insurgente da palavra, de uma palavra que resta sempre por vir e ilegível, que está sozinha e primeiro na mente e não se sabe de onde vem e para onde vai; ter acesso a outra experiência da linguagem, a um dialeto ou a um idioma que não designa mais por meio da gramática e de nomes, léxico e sintaxe — e só a tal preço pode anunciar e anunciar-se. Esse anúncio, essa insignificante e integral transformação da palavra é o Reino.

ו
Waw

Fazer experiência do caráter insurgente da palavra significa percorrer a contrapelo o longo processo histórico por meio do qual os humanos interpretaram seu ser falante como a posse de uma língua, feita de nomes, regras gramaticais e sintáticas, que permitem o discurso significante. O que era o resultado de um paciente trabalho de reflexão e de análise foi projetado no passado como um pressuposto real, quase como se a gramática construída pelos humanos fosse verdadeiramente a estrutura originária da palavra. Nesse sentido, o Reino é apenas a restituição da palavra à sua natureza dialetal e anunciadora, além ou aquém de toda língua.

Zajin

Quem realiza essa experiência da palavra, quem é, nesse sentido, poeta e não apenas leitor de sua palavra, vê sua assinatura em qualquer mínimo fato, dá testemunho dessa experiência em cada evento e em cada circunstância, sem arrogância nem ênfase, como se percebesse com clareza que tudo aquilo que lhe acontece, compatível com o anúncio, depõe toda estraneidade e todo poder, lhe é mais íntimo e, ao mesmo tempo, remoto.

ח
Heth

A obscuridade do anúncio, o mal-entendido que sua palavra produz em quem não a compreende, se volta a quem a pronuncia, separando-o de seu povo e de sua própria vida. O anúncio se faz assim lamento e execração, crítica e acusação, e o Reino se torna uma insígnia ameaçadora ou um paraíso perdido — em todo caso, não mais íntimo e presente. Sua palavra não sabe mais anunciar: pode apenas vaticinar ou lamentar.

ט
Tet

O Reino não é uma meta que se deve atingir, o fim por vir de uma economia terrena ou celeste. Não se trata de imaginar e criar instituições mais justas ou Estados menos tirânicos. E nem mesmo de pensar uma longa e cruel fase de transição depois da qual a Justiça reinará sobre a terra.

O Reino já está aqui, cotidiano e modesto, e, todavia, inconciliável com as potências que procuram travesti-lo e escondê-lo, que buscam impedir que sua chegada seja amada e reconhecida, ou de transformá-lo num evento futuro. A palavra do Reino não produz novas instituições, nem constitui direito: ela é a potência destituinte que, em todo âmbito, depõe os poderes e as instituições, compreendidas aquelas — igrejas ou partidos — que pretendem representá-la e encarná-la.

Jodh

A experiência do Reino é, portanto, experiência da potência da palavra. O que essa palavra destitui é sobretudo a língua. Não é possível, com efeito, depor os poderes que hoje dominam a Terra sem antes depor a língua que os funda e sustenta. Profecia é consciência da natureza essencialmente política do idioma em que se fala. (Daí também a irrevogável pertinência da poesia à esfera da política.)

כ
Kaph

Destituir uma língua é a tarefa mais árdua. A língua, com efeito, que é em si apenas um conjunto de letras mortas, finge — mas é um fingimento pragmático, que constitui sua força mais própria — conter em seu interior a voz viva dos homens, finge ter lugar, vida e fundamento na voz daqueles que falam. Em todos os seus aspectos a gramática remete a essa voz escondida, capturando-a em suas letras e em seus fenômenos. Mas não há, na língua, uma voz. E nosso é o tempo em que a língua exibe por todos os lados sua vacuidade e sua afonia, torna-se palavrório ou formalismo científico. O idioma do Reino restitui a voz a seu ter lugar fora da língua.

ל
Lamed

O campo da linguagem é o lugar de um conflito incessante entre a palavra e a língua, o idioma e a gramática. É preciso se livrar do preconceito segundo o qual a palavra seria um operar, uma diligente aplicação da língua, quase como se esta preexistisse em algum lugar como uma realidade substancial e como se, para falar, devêssemos a cada vez abrir uma gramática ou consultar um dicionário. É evidente que a língua existe apenas no uso. O que é então esse uso se não pode ser uma execução fiel e obediente da língua, mas, pelo contrário, uma saída desta — ou, antes, de seus guardiões, dentro e fora de nós, que velam para que aquilo que dizemos seja sempre reconduzido à forma e à identidade de uma língua?

מ
Mem

Em Dante, o conflito é entre vulgar e língua gramatical e entre os vulgares municipais e o vulgar ilustre. É um contraste ambíguo e arriscado, incansável e dócil, ao longo do qual o idioma já está sempre a ponto de recair na língua, como o vulgar se tornou com o tempo, deformando a intenção do poeta, a língua italiana. Diante desta, hoje os dialetos para nós tomaram o lugar do vulgar, são novamente uma palavra «que vem de onde não é nem escritura nem gramática».

ב
Nun

Chamamos de *dialeto* — em qualquer língua — o uso insurgente da palavra. E de *pensamento* o vulgar ilustre que tenciona poeticamente o dialeto não em direção a outra gramática, mas em direção a uma língua que falta e, todavia, como uma pantera perfumada, se espera e se anuncia em todo idioma e em toda fala.

ס
Samech

O que fazemos quando falamos senão colocar em ato o léxico e a gramática de uma língua, de articular a voz em nomes e proposições? Falando, entramos no aberto, deixamos aparecer as coisas em seu ser manifestas e, ao mesmo tempo, veladas: dizíveis, jamais ditas; presentes, mas nunca como objetos. E, entretanto, logo que nos esquecemos delas, as coisas de que falamos escondem de nós o fato de que estamos falando delas, tornam-se objetos do discurso e da comunicação, saem do aberto e do Reino.

Essa queda no discurso significante não é, todavia, separada em outro lugar: tudo acontece na linguagem, em nosso falar, que é ao mesmo tempo fala do Reino e língua objetivamente, dialeto e gramática. E o vai e vem de um a outra, ao mesmo tempo em fuga e harmonia, em divergente acordo, é a poesia.

y
Ajin

Os nomes não dizem as coisas: as chamamos no aberto, as conservamos em sua aparição. As proposições não veiculam uma mensagem: o ser-a-neve-branca não é o conteúdo da proposição: «a neve é branca», que nunca pronunciamos nesse modo neutro. O ser-a-neve-branca é seu improvisado, alegre e imaculado aparecer ao olhar numa manhã de inverno. É um evento, não um fato.

Nos nomes e nas proposições vamos além dos nomes e das proposições, até o ponto em que as coisas nos aparecem por um instante sem nome em seu ter nome, ilibadas em seu ser ditas, como um deus sensível e desconhecido.

Testemunho e verdade

Ninguém /
testemunha pela /
testemunha

Paul Celan

I

A verdade do testemunho não tem a ver com seu conteúdo semântico, não depende do que diz. É claro que ela pode assumir a forma de uma proposição, mas, diferentemente do que acontece no testemunho jurídico, o que diz não pode ser submetido a verificação, não pode ser verdadeiro ou falso. O testemunho não é um *logos* apofântico no sentido aristotélico, um discurso que diz algo sobre algo. Tampouco é uma prece, uma invocação ou um comando. Enquanto não se define a partir do que diz, o testemunho é sempre verdadeiro: apenas acontece ou não.

A verdade do testemunho não depende do que diz, mas do que cala, do fato de que leva a palavra a um emudecimento. Testemunha é quem fala apenas em nome de um não poder dizer. E isso não só no sentido de que testemunha por quem não o pode fazer — pelos mortos, pelos animais, pelas pedras, pelas ervas, pelos dementes. O silêncio do qual dá testemunho sua palavra é interior ao próprio testemunho, e quem se emudece diante da verdade é sobretudo quem dela dá testemunho. Seu testemunho é verdadeiro na medida em que experimenta a impossibilidade de enunciar a verdade numa proposição. A verdade não pode ter a forma de uma proposição verdadeira: verdade é apenas aquilo de que se dá testemunho.

Isso significa que o testemunho não é o sujeito do conhecimento. A verdade que está em questão no testemunho nunca pode se dar como tal à consciência intencional, cujo saber se articula necessariamente na forma de um discurso que diz algo sobre algo. O testemunho começa quando o sujeito do conhecimento emudece. A experiência que sela os lábios do sujeito desvela a experiência do testemunho. Isso não significa que o sujeito seja apenas colocado de lado, que não tenha nada a ver com o testemunho. É justamente seu emudecer que constitui a possibilidade do testemunho, é por ele — em seu lugar — que a testemunha dá testemunho. O sujeito do conhecimento não precede o testemunho, mas, por assim dizer, acontece *a posteriori,* por meio deste.

No início há apenas o silêncio, *Sigé*. O testemunho transforma o silêncio num emudecer e pode fazer isso apenas atestando um sujeito que não pode dizer a verdade. O silêncio do sujeito abre o espaço do testemunho. As duas linhas: *Sigé*-testemunho-verdade e *Logos*-sujeito-conhecimento correm num mesmo plano e se cruzam em todos os pontos. Testemunha e sujeito são as duas faces do único testemunho, assim como a testemunha e o muçulmano em Auschwitz.

II

Aristóteles parece não levar muito em consideração o testemunho. Deste se ocupa na *Retórica,* enumerando-o entre as provas empíricas ao lado da lei, do contrato, da tortura e do juramento. «As testemunhas (*martyroi*)», ele escreve, «são de duas espécies: as antigas e as recentes. Estas últimas participavam dos riscos do processo, as primeiras estão fora desses riscos. Por antigas, compreendo os poetas e os homens notáveis (*gnorimoi,* bem conhecidos), cujos juízos são notórios, como os atenienses a respeito da questão de Salamina convocaram como testemunha Homero e os habitantes de Ténedos chamaram Periandro de Corinto contra os Sigeus». Entre as testemunhas antigas que os oradores evocavam em seus discursos, Aristóteles cita também os provérbios. Mais do que verdadeiramente uma prova, trata-se aqui da autoridade da tradição, que é forçada a testemunhar a favor de uma argumentação que se presume faltante.

Diferente é o caso das testemunhas recentes, entre as quais Aristóteles considera «todas as pessoas notáveis que expressaram um juízo sobre algo», se tais juízos são úteis à tese que se procura demonstrar e, por fim, «aqueles que partilham o risco, no caso de darem a impressão de perjúrio», isto é, as testemunhas, em sentido próprio, que podem atestar apenas «se algo aconteceu ou não, se existe ou não existe», mas não a qualidade de um ato, por exemplo, «se é justo ou injusto, conveniente ou não». Em geral, «as testemunhas antigas são as mais confiáveis, porque não podem ser corrompidas».

De fato, é óbvio que a ligação entre essas testemunhas notáveis e a verdade é extremamente frágil e contingente. E é a um testemunho similar puramente processual que Kierkegaard opõe sua ideia de um «testemunho da verdade», que é o exato contrário de um personagem notável. «Uma testemunha da verdade, uma autêntica testemunha da verdade, é um homem que é flagelado, maltratado, arrastado de uma prisão a outra e, por fim... crucificado e pregado, ou lançado às chamas ou queimado numa grelha, e seu corpo sem vida deixado insepulto num lugar isolado pelo ajudante do carrasco». Também aqui, o testemunho não tem a ver com o conteúdo semântico de uma mensagem, aliás, a autoridade especial que convém a tal testemunho «se torna qualitativamente aparente quando o conteúdo da mensagem ou do ato é colocado como indiferente». A testemunha da verdade não pode dar prova do que afirma, como seria absurdo «exigir a certeza física de que Deus existe». Seu testemunho exibe a verdade do que afirma apenas enquanto a desloca de forma resoluta do plano dos fatos e das proposições verificáveis.

III

O que é a verdade acerca da qual a testemunha dá testemunho? Não o dado em sua factualidade não linguística, em si obscuro e impenetrável, nem o nome que apenas o significa, também em si fechado ao que nomeia. E ainda assim é justamente a essas duas abstrações não comunicantes que se dirigem os discursos e as opiniões dos humanos falantes, a cada vez esquecidos daquilo que está em questão em seu ser falante. Os falantes se dividem assim em ideólogos, que teimosamente procuram os fatos, considerando apenas acessório e, como se diz, superestrutural seu ser na linguagem e na comunicação, por meio dos quais a notícia — o meio — é de todo substituído pela coisa.

A verdade, acerca da qual dá testemunho a testemunha, é, pelo contrário, a coisa em seu ser nomeada pelo nome e o nome enquanto nomeia a coisa — ou seja, a coisa em sua ilatência ou, nas palavras do poeta, o ente «cognoscível no meio de sua aparência». Justamente essa verdade, essa pura cognoscibilidade, não pode ser tematizada como tal numa proposição, mas, nesta, só pode mostrar-se como uma cesura ou uma interrupção.

O que o meio linguístico não pode dizer, aquilo sobre o que o testemunho não pode falar, é a própria medialidade, a linguagem como tal. Da consciência se pode falar, da cognoscibilidade que a torna possível a consciência não tem nada a dizer. É esse silêncio que o testemunho traz à palavra.

IV

A quem se dirige o testemunho? Por certo, não aos contemporâneos, os quais, por definição, não podem escutá-lo. Mas nem mesmo se dirige às gerações futuras. Com efeito, o testemunho se situa de algum modo sempre no fim dos tempos, interpela um mundo que a seus olhos está acabando ou já acabou, e quem testemunha o fim certamente não pode contar com uma geração por vir. A verdade do testemunho nunca está no início, está sempre constitutivamente no fim — é, em todo sentido, uma verdade última ou penúltima.

Se a testemunha se dirigisse a alguém, presente ou futuro, este poderia, por sua vez, testemunhar por ela, confirmar seu testemunho, reconhecer sua verdade. Mas um testemunho que tem necessidade de um testemunho ulterior perde seu valor, não é mais um testemunho da verdade. Por isso, o poeta teve de especificar que «ninguém / testemunha / pela testemunha», que ela está sempre só em seu testemunho. Isso significa que o testemunho é inútil e vão, que ele não se dirige a ninguém e se situa, por assim dizer, fora da história e do tempo? Que a testemunha dirige sua

palavra a Deus, aos animais, às árvores, às pedras —
mas não aos humanos? Que, por isso, ninguém pode
testemunhar por ela? Ou, antes, ninguém testemunha
pela testemunha porque o tempo para o qual a tes-
temunha dá testemunho é o passado e os humanos a
quem se dirige estão mortos, e os mortos não podem
testemunhar. Mas, assim que a testemunha o inter-
pela, o passado não é mais passado, não pode mais
passar e está como que preso, indefeso e sem palavra
no coração do presente.

    O que significa testemunhar pelos mortos?
Mas não é isso que faz toda testemunha, se a tes-
temunha é sobretudo *supertes,* um sobrevivente?
Quem sobreviveu necessariamente tem a ver com
mortos ou, ao menos, com um morto dentro de
si. Mas, nesse sentido, não seria todo humano um
sobrevivente, não seria isso o que define o ser hu-
mano em relação aos outros viventes, o fato de ele
ter constitutivamente a ver com o passado e com os
mortos? E não apenas porque os humanos conhe-
cem desde a origem ritos fúnebres e práticas que os
mantêm de vários modos em relação com aqueles
que viveram antes dele — num sentido mais pro-
fundo e essencial, os humanos são feitos de passado,
vivem todo dia evocando e recordando o que neles
mesmos não é mais e, todavia, ainda arde dentro

deles. O humano é o vivente que tem um passado e deve em todos os instantes acertar as contas com ele, testemunhar por ele.

Uma vez que se dirige ao passado, a seu próprio passado, o testemunho é essencialmente fiel, tem a forma mesma da fidelidade. Isso não significa apenas que ele deve ser verídico, que o testemunho deve ser sincero. Fidelidade é adesão íntima e sem reservas àquilo de que e pelo que se testemunha.

«Pelo que» aqui significa: em lugar de. Testemunhar em lugar de quem não pode testemunhar implica que nos coloquemos em seu lugar, que assumamos seu nome, corpo e voz: que a este sejamos, nesse sentido, fiéis, tão fiéis a ponto de nos abolirmos e desaparecer nele. Não existem testemunhas vivas: testemunhar significa sobretudo morrer. Por isso, a testemunha não pode mentir, o falso testemunho não é um testemunho.

A testemunha testemunha pelos mortos e pelo passado, em seus lugares. Mas não pelos mortos e pelo passado enquanto falaram e falam — recordar a palavra do passado é sobretudo a tarefa da memória. A testemunha testemunha pelo silêncio dos mortos e do passado, e esse silêncio é mais difícil de suportar, mais doloroso de se recordar do que suas palavras. Palavras dos mortos felizmente nutrem nossos discursos e nossas histórias — de seu silêncio podemos apenas dar testemunho.

V

Durante o diálogo com Pilatos no pretório, depois de ter afirmado que seu reino não é deste mundo, à pergunta «então, tu és rei?», Jesus responde: «Tu dizes que eu sou rei. Eu, por isso, fui gerado e por isso vim ao mundo, a fim de dar testemunho pela verdade (*ina martyreso tei aletheiai* — Jo 18, 37)». A célebre réplica do governador da Judeia — «o que é a verdade» não é tanto uma objeção filosófica à ideia de uma verdade quanto, pelo contrário, uma pergunta perfeitamente congruente num processo, diante de um acusado que se obstina em não responder de modo inequívoco. Jesus tinha de declarar se era ou não o rei dos judeus; em vez de fazer isso, reúne de forma inesperada num único nó verdade e testemunho, diz estar testemunhando pela verdade, quase como se o testemunho não tivesse a ver com o objeto do processo (o fato de ser ou não rei), mas implicasse toda sua existência («por isso fui gerado e para isso vim ao mundo»).

O que estava em jogo num testemunho como esse já havia sido dito por Jesus ao longo de outro processo, quando os fariseus o colocam diante da mulher adúltera — a qual, segundo a lei de Moisés, deveria ser apedrejada — e lhe pedem para pronunciar um juízo («O que dirias tu?»). Também nesse caso, em vez de responder, Jesus se inclina e escreve com o dedo na terra. Em face da poderosa insistência dos fariseus, não emite um veredito, mas introduz uma condição: «quem não tem pecado que atire a primeira pedra» (Jo 8, 7). E depois de ter afastado a mulher, afirma de forma brusca sobre si mesmo — «eu sou a luz do mundo e quem me segue não caminhará nas trevas» — que os fariseus, como depois também faria Pilatos, não erroneamente, entendem como um testemunho inadmissível num processo: «Tu dás testemunho de ti mesmo (*peri seautou martyreis*), teu testemunho não é verdadeiro (*he martyria sou ouk estin alethes*)». Como é óbvio, não apenas um testemunho sobre si não é um testemunho, mas, nesse caso, ele é duplamente incongruente, porque é feito no lugar de um juízo que fora pedido de maneira explícita.

A lacônica doutrina do testemunho que Jesus desenvolve nesse momento deve ser considerada com atenção. Jesus começa pela reivindicação da validade de seu testemunho («ainda que eu testemunhe acerca de mim mesmo, meu testemunho é verdadeiro») e logo na sequência o declara equivalente a um juízo. De fato, testemunho acerca de si e juízo não só são colocados no mesmo plano, mas o primeiro toma o lugar do segundo, porque o testemunho não é só um, mas dois em um: «Vocês julgam segundo a carne, eu não julgo. E se também julgo, meu juízo é verdadeiro (*he krisis he eme alethine estin*), porque não estou só, mas junto com o pai que me enviou. E em sua lei está escrito que o testemunho de dois homens é verdadeiro. Eu sou testemunha de mim mesmo (*ho martyron peri emautou*) e o pai que me enviou testemunha por mim» (Jo 8, 16-18).

A testemunha se desdobrou: a primeira, testemunhando por si, pronuncia um testemunho inadmissível, que todavia se torna verdadeiro porque contém uma outra, que lhe garante a legitimidade e a substitui no juízo. Também nesse caso, a segunda testemunha testemunha por quem não pode testemunhar, traz para a palavra uma impossibilidade de testemunhar. E essa e não outra é sua verdade.

VI

Em todos os tempos os humanos conheceram outra experiência da linguagem na qual a verdade de uma asserção não depende da verificação da correspondência entre as palavras e as coisas. Trata-se do juramento, isto é, do ato linguístico que produz performativamente, como um fato, o *dictum* a que se acrescenta. Nessa perspectiva, a distinção entre o juramento promissório, que não pode ser falso, e o juramento assertório, que pode ser verdadeiro ou falso, corresponde a uma fase em que o juramento havia perdido a sua força performativa original. Como mostra o processo arcaico, que, tanto na Grécia quanto em Roma tinha a forma da contraposição de dois juramentos, o que estava em questão na origem não era a prova da verdade de uma afirmação, mas a maior ou menor força do juramento, sua maior ou menor conformidade à fórmula ritual que define o *ius*. O juiz não decidia qual juramento era verdadeiro e qual era falso, mas declarava qual devia ser considerado o *sacramentum iustum* e qual o *sacramentum iniustum*. O juramento substitui a relação de veracidade entre a linguagem e o mundo por um nexo mais forte, que garante, por assim dizer, magicamente — isto é, juridicamente — a equivalência entre as palavras e as coisas.

No testemunho não há nada que possa garantir tal nexo. A verdade que nele está em questão, mesmo que expressa em palavras, não consiste na correspondência entre o dito e as coisas. No testemunho, como no juramento, não está em questão a força da palavra, mas sua fraqueza. A testemunha dá testemunho acerca da constitutiva incapacidade da linguagem de enunciar a verdade de modo assertório. E, todavia, para a verdade a testemunha não dispõe outro lugar, outra possível via de acesso, que não seja a linguagem. Ela crê nas palavras, apesar de sua fragilidade, e permanece, até o último filólogo, amante da palavra. Porém, não da palavra como afirmação, mas como gesto.

Por isso, Platão define o gesto de Alceste, que se oferece à morte em lugar de Admeto, como um «testemunho» (*martyria* — Banquete, 179 b6). De quê? Certamente, do amor («por meio do amor», escreve Platão, «Alceste supera na *philia* o pai e a mãe de Admeto»). Mas não só do amor. Como na poesia de Rilke, o testemunho deve ter falado ao deus («fala ao deus que a compreende / e todas a compreendem em deus»), mas não é em suas palavras que consiste o testemunho. E, entretanto, ninguém poderia duvidar do que disse ao deus, ninguém se coloca a questão de sua verdade. Alceste é uma testemunha, porque em suas palavras colocou em jogo a própria vida.

A testemunha renuncia à verificabilidade de suas palavras mas não porque dispõe, como quem jura, de um nexo mais forte, de um *horkos*, um objeto sagrado que aperta entre as mãos enquanto fala. No ponto em que testemunha, ela é abandonada por toda garantia e por todo recurso exterior, está absolutamente sozinha. Como de repente está só Alceste, em meio às pessoas que o circundam. Seus gestos, suas palavras, são parecidas com o que fazemos quando ninguém nos vê. Por isso a testemunha não pode mentir, não tem mais ninguém para enganar — nem mesmo ela própria. O testemunho está constitutivamente em abandono, ninguém pode testemunhar pela testemunha, nem mesmo a testemunha.

VII

Isso também pode ser expresso dizendo que a testemunha está a sós com suas palavras, que aquilo por que — em todos os sentidos da preposição «por» ela testemunha é sobretudo a língua. Mas o que significa testemunhar pela língua? Que necessidade tem a língua de testemunhos? Por certo, toda língua precisa de um falante, contém em si a forma vazia em que se situa o falante para tomar a palavra, para dizer «eu». «Eu» é o lugar onde o vivente e a língua por um átimo coincidem — isto é, acontecem juntos numa voz. Mas dizer «eu», assumir numa língua a posição do locutor, ainda não é testemunhar.

Para poder falar, para dizer «eu», o sujeito deve por assim dizer se esquecer da língua, esquecer que está falando para imergir sem reservas no rio das proposições significantes, das opiniões dotadas de sentido. Caso queira, pode também falar em vão. Mas, em todo caso, ele não está só com sua língua, não pode testemunhar. O testemunho é a experiência da língua que resta quando todas as frases foram ditas, todas as opiniões dotadas de sentido foram proferidas — ou assim se supõe. Ou seja, quando o falante se dá conta de estar verdadeiramente sozinho com a língua — não com as inumeráveis proposições no interior da língua, mas com a língua mesma, que cala. Quando compreende pela primeira vez que está falando, que está irremediável e poeticamente colocando sua vida na língua, que não pode mais falar para comunicar algo a alguém.

Nesse sentido, o poeta é uma testemunha por excelência. A língua da poesia é, com efeito, a língua que resta quando todas as funções comunicativas e informativas foram desativadas, quando o poeta não pode se voltar a ninguém mais — nem a si mesmo — mas apenas à língua. O poeta se encontra assim maravilhosa e irreparavelmente a sós com sua palavra, pode testemunhar.

A reflexão — o eu penso — é, por sua vez, o ponto em que o falante, que está por descobrir-se testemunha e poeta, apesar de si mesmo, encontra um espelho em que escapa da solidão, um último refúgio do qual ainda pode de algum modo proferir discursos e proposições significantes. Todos nos agarramos ao eu para escapar do encontro solitário com a língua, para não ser obrigados à poesia. Esse é o sentido da obstinada crítica à reflexão de Hölderlin, a experiência que o separa de seus companheiros Schelling e Hegel.

Quem fez essa experiência até o fim — mas, na realidade, não há fim —, quem se encontra irremediavelmente a sós com o silêncio de sua língua, pode ser — assim aconteceu — acusado de loucura, pode também, às vezes, aceitar que os outros assim o considerem. É a escolha de Hölderlin, quando se retira na torre sobre o Neckar, quando diz não se chamar mais Hölderlin, mas Scardanelli, ou Buonarroti, ou Rosetti — nomes de alguém que escreve poemas que aos outros parecem privados de qualquer conexão lógica, hinos nos quais parataxe e isolamento das palavras eliminam da língua todo discurso, fazem com que ela, finalmente, apareça como tal, em sua miséria e em sua glória. A poesia é a língua em que alguém testemunha pela língua.

VIII

Que significa testemunhar pela língua? A língua que está em questão no testemunho parece ser uma língua que nada diz, que não tem propriamente nada a dizer. Mas é aqui que o testemunho se decide, se separa de qualquer outra experiência da linguagem. O nada é, com efeito, o limite último atingido por uma filosofia que não chega ao testemunho. Nada é a experiência de que há linguagem, mas de que o mundo não é. Nada é o nome de uma língua que já não tem mundo. Isso significa, como Leonardo havia intuído, escrevendo que «o que é chamado de nada se encontra apenas no tempo e nas palavras», que a experiência do nada é ainda uma experiência de linguagem, e que essa experiência não coloca em questão seu primado. Ela marca o limiar: apenas além deste é que pode ter início o testemunho. Quem permanece nesse limiar, quem se coloca no lugar do nada, não pode testemunhar pela língua.

É possível exprimir a experiência que acontece no testemunho dizendo que o que a testemunha experimenta é, pelo contrário, que a linguagem não exista, que é possível não ter uma língua. Mas o que define seu testemunho é que, por meio dessa ausência de língua, ela testemunha pela língua, traz para a palavra o emudecimento. A testemunha teima em estar no lugar da língua, onde a palavra falta — ela é o lugar-tenente da língua. Como os gestos dos surdos-mudos significam as palavras que eles não podem pronunciar, assim a sublime mímica do testemunho manifesta pela primeira vez a linguagem.

IX

O testemunho pela língua diz respeito aos nomes, não às proposições. Como nos hinos tardios de Hölderlin os vocábulos são retirados de seu contexto semântico e restituídos a seu estatuto de puros nomes, assim na língua do testemunho as frases se reduzem a uma sucessão de cesuras e interrupções, similares a um campo de ruínas sobre o qual se destacam lemas e palavras singulares — mesmo partículas simples como, em Hölderlin, a conjugação adversativa *aber,* «mas».

O testemunho é um idioma feito apenas de vocativos, isto é, de palavras que não significam mas chamam pelo nome os outros e as coisas. Tarefa impossível, porque o vocativo é uma interrupção do enunciado no qual aparece e não tem nenhuma relação sintática com o resto da proposição. Não se pode proferir um discurso sensato feito apenas de rupturas, um *continuum* de interrupções.

A testemunha, falando, não diz, mas chama, continua insistentemente a chamar e é a tenacidade dessa interpelação insignificante que constitui sua única e inevitável autoridade.

Da relação entre o testemunho e a filosofia se ocupou Gianni Carchia, em um texto breve e esclarecedor. E o fez interrogando a diferença entre testemunho e método. A redução do testemunho a método é, com efeito, «a forte tentação do *logos* da filosofia». O que o método quer eliminar do testemunho é sua irremediável factualidade, seu ser evento, e não o resultado de uma argumentação.

«Testemunhar significa, em primeiro lugar, afirmar o caráter de acontecimento da verdade... a absoluta assimetria da verdade em relação à consciência intencional». O testemunho — seria possível dizer — começa justamente quando todo caminho predeterminado para a verdade — todo *methodos* — falha. É porque de repente se encontra sem um caminho para a verdade que o testemunho pode apenas testemunhar. Daí a insuficiência, segundo Carchia, tanto da contraposição, em Husserl, de uma consciência de horizonte a uma consciência de objeto, quanto da passagem, em Heidegger, de uma dimensão ôntica a uma abertura ontológica. Permanece, em ambos, algo como «um primado da intencionalidade», a ruptura com o método não é verdadeiramente realizada. «Apenas o encontro com a alteridade mais radical merece o nome de testemunho», e esse encontro implica a tal ponto a suspensão de toda comunidade que «incomunicabilidade e solipsismo são as marcas profundas e essenciais do testemunho».

Não é uma surpresa que Carchia oponha a transcendência do testemunho à imanência do método. «A passagem da imanência do método à transcendência do testemunho pressupõe algo como uma conversão, uma *metabasis eis allo genos*». Todavia, uma correção terminológica é aqui necessária. Nem a transcendência, nem a imanência definem o testemunho. Pelo contrário, ele se situa em sua coincidência, como naquela «causa imanente» que Spinoza exemplifica com o significado de uma forma verbal particular da língua hebraica, que exprime uma ação na qual agente e paciente, ativo e passivo, se identificam. Aí, uma causa, por definição transcendente em relação a seus efeitos, age sobre si mesma, torna-se de algum modo imanente.

Nesse sentido, o testemunho tem a ver com uma capacidade de ser afetado, no ponto em que não é afetado por um objeto externo — ou não apenas por este —, mas também e sobretudo por sua própria receptividade. O falante, que é afetado não pelo que diz, mas por sua capacidade de falar e de calar, pode testemunhar. Como um sujeito que não é afetado por um objeto — e sua própria afetabilidade não conhece algo, mas só uma cognoscibilidade —, assim a testemunha sente nascer em si não o som de uma dicção, mas sobretudo o silêncio de uma dizibilidade. A língua puramente dizível, que se produz nessa experiência ao mesmo tempo ativa e passiva, transcendente e imanente, é a língua do testemunho, a língua por meio da qual e em lugar da qual a testemunha testemunha. Ela é uma palavra que não diz algo sobre algo, mas o puro dar-se, ao mesmo tempo e no mesmo gesto, do nome e da coisa nomeada: isto é, testemunha da verdade e de nada mais que a verdade.

Nesse sentido, pode-se dizer que testemunhar significa manter-se em relação não com um saber, mas com uma zona de não consciência, que quem testemunha pode ignorar o que está testemunhando, mas, como Sócrates, não remove seu não saber, permanece fiel a sua inconsciência. Os modos e os caminhos por meio dos quais não conhecemos são, se deles somos conscientes, tão decisivos quanto os modos com os quais conhecemos.

Não se trata de introduzir no pensamento a nebulosidade da mística, mas, pelo contrário, de apreender pela primeira vez o que está em jogo na experiência que definimos com esse nome e que, na verdade, não é nada de vago. Quando o último estudante da academia platônica em exílio na Pérsia tenta exprimir em palavras o princípio supremo do pensamento, sente necessidade de especificar que quando dizemos que ele é incognoscível ou indizível nosso discurso se inverte e não se refere mais a um objeto, mas a nós mesmos e a nossa faculdade de conhecer. É dessa árdua inversão que a testemunha experimenta. Na zona de não consciência que nesse ponto a ele se abre não há nem «noite», nem «nuvens», mas apenas a experiência límpida e perfeitamente inteligível de uma pura potência de conhecer e dizer, sem nada a dizer ou a conhecer. De uma pura língua, portanto, de uma pura palavra. E essa palavra, que não diz nada a não ser uma impossibilidade de dizer, o testemunho não pode calar, porque, mais uma vez, ninguém testemunha pela testemunha.

XI

A verdade é uma errância sem a qual certo homem não poderia viver. Ou seja, ela é uma forma de vida, a forma de vida da qual esse certo homem não pode prescindir. Sua forma-de-vida é, nesse sentido, uma errância pela verdade que o constitui como testemunha.

Se os humanos estão em errância pela verdade, eles estão, na mesma medida, em errância pela não-verdade. Isto é, podem não testemunhar, mas proferir mentiras. Até que ponto um humano pode mentir sem cessar de ser humano? Não há, na verdade, um limite. Humano é aquele que pode errar sem limites na e pela não-verdade e na e pela verdade. É isso que constitui sua errância como uma história que pode, eventualmente, terminar, mas é em si mesma sem fim.

O testemunho, que não pode enunciar a verdade, pode denunciar a mentira. A denúncia da não--verdade não é, todavia, um testemunho. É uma profecia que, como tal, não pode ser escutada por quem deixa escapar a verdade. E, no entanto, à pergunta «é isto um homem» temos de responder: sim, quem mente ainda é um homem, que, enquanto erra pela não-verdade, ainda tem de algum modo a ver com a verdade. Apenas se a mentira pudesse calar, apenas se pudesse acontecer uma mentira silenciosa, então cessaria toda errância pela verdade e, com essa, a possibilidade de testemunhar.

A busca de uma pós-história, de um tempo ulterior sem mais errância histórica, é inata à mentira, mas tão vã quanto esta. Por outro lado, a testemunha sabe que seu testemunho interrompe a história e o discurso da mentira, sem inaugurar um tempo e um discurso ulterior, sabe que não há uma história da verdade, há apenas uma história da mentira.

Pre textos
últimos volumes publicados

1. Massimo Cacciari
   Duplo retrato
2. Massimo Cacciari
   Três ícones
3. Giorgio Agamben
   A Igreja e o Reino
4. Arnold I. Davidson,
   Emmanuel Lévinas,
   Robert Musil
   Reflexões sobre
   o nacional-socialismo
5. Massimo Cacciari
   O poder que freia
6. Arnold I. Davidson
   O surgimento
   da sexualidade
7. Massimo Cacciari
   Labirinto filosófico
8. Giorgio Agamben
   Studiolo
9. Vinícius Nicastro
   Honesko
   Ensaios sobre o sensível
10. Laura Erber
    O artista improdutivo
11. Giorgio Agamben
    Quando a casa queima
12. Pico della Mirandola
    Discurso sobre
    a dignidade do homem
13. João Pereira Coutinho
    Edmund Burke – A virtude
    da consistência
14. Donatella Di Cesare
    Marranos – O outro do outro
15. Massimo Cacciari
    Gerar Deus
16. Marc Fumaroli
    O Estado cultural
17. Giorgio Agamben
    A loucura de Hölderlin
18. Rachel Bespaloff
    Da Ilíada
19. Simone Weil
    O enraizamento

Dados Internacionais
de Catalogação na Publicação (CIP)
(Câmara Brasileira do Livro, Brasil)

Agamben, Giorgio
   Quando a casa queima / Giorgio
Agamben ; traduzido por Vinicius
Nicastro Honesko. - 2. ed. -- Belo
Horizonte, MG : Editora Âyiné, 2024.
   96 p. ; 11,5cm x 18cm.
   Inclui índice.
   Isbn 978-65-5998-156-4
1. Filosofia.
I. Honesko, Vinicius Nicastro.
II. Título.
   2024-1554
   CDD 100

Índices para catálogo sistemático:
   1. Filosofia 100
   2. Filosofia 1
Odilio Hilario Moreira Junior
   Bibliotecário CRB-8/949
Nesta edição, respeitou-se
   o Novo Acordo Ortográfico
   da Língua Portuguesa.